HEIDELBERGER UNIVERSITÄTSREDEN
HEFT 1

AF741570

MACHT UND RECHT

REKTORATSREDE 1948

VON

KARL GEILER

BERLIN · GÖTTINGEN · HEIDELBERG
SPRINGER-VERLAG
1949

ALLE RECHTE, INSBESONDERE DAS DER ÜBERSETZUNG
IN FREMDE SPRACHEN, VORBEHALTEN
COPYRIGHT 1949 BY SPRINGER-VERLAG OHG., BERLIN,
GÖTTINGEN AND HEIDELBERG

ISBN 978-3-642-49550-2 ISBN 978-3-642-49841-1 (eBook)
DOI 10.1007/978-3-642-49841-1

Vorwort.

Um die während des Jahres von Professoren unserer Universität gehaltenen Vorträge, die allgemeineres Interesse verdienen, auch einer weiteren Öffentlichkeit zugänglich zu machen, hat die Universität sich entschlossen, sie nicht nur in den Jahresheften zu veröffentlichen, die jeder Rektor am Schlusse seiner Amtsperiode herausgibt, sondern sie auch breiteren Kreisen zugänglich zu machen. Deshalb werden solche Reden einzeln in dieser Schriftenreihe veröffentlicht werden. Das erste Heft dieser Schriftenreihe enthält die Rektoratsrede, die ich über das Thema „Macht und Recht" am 22. 11. 48 gehalten habe.

Heidelberg, den 22. Februar 1949. GEILER.

Ich will in meiner heutigen Rektoratsrede über das ebenso wichtige wie schwierige Thema

Macht und Recht

zu Ihnen sprechen, das ja auch Kollege EBERHART SCHMIDT in seiner so eindrucksvollen Antrittsvorlesung über „Goethe und die Todesstrafe" hat anklingen lassen, dabei aber einiges vorausschicken, das zwar etwas außerhalb dieses Themas liegt, das einleitend zu sagen mir aber aufrichtig am Herzen liegt.

Es sind zunächst und vor allem Worte des Dankes, wobei ich an die Spitze stellen will den Dank, den ich als jetziger Rektor, der sein Amt schon Anfang August angetreten hat, meinem verehrten Vorgänger im Rektorat, Herrn Professor KUNKEL, im Namen der ganzen Universität aussprechen darf für die hervorragende Art und Weise, in der er unter den schwierigsten Verhältnissen dieses verantwortungsvolle Rektoramt verwaltet hat.

Er hat es verwaltet aus seiner reichen, innerlich gefestigten und von der Idee der Universität erfüllten Persönlichkeit heraus, energisch und vermittelnd zugleich, wie dies in der heutigen Zeit kaum anders möglich ist, aber immer am Grundsätzlichen festhaltend und die Interessen der Universität, soweit es nur ging, wahrend.

Und das alles hat er getan mit der ganzen Hingabe seiner Person an die verantwortungsvolle Aufgabe, weder Zeit noch

Mühe scheuend und auch eigene gesundheitliche Rücksichten hintansetzend.

Wenn, wie Sie auch aus seinem heutigen Jahresbericht entnehmen konnten, unsere Universität in seiner Amtszeit sich wieder ein Stück aufwärts entwickelt hat, wenn ihre äußere und innere Konsolidierung Fortschritte gemacht hat, so ist das in erster Linie sein Werk und sein Verdienst, für das ihm heute namens der Universität, ihres Lehrkörpers, ihrer Beamtenschaft und namentlich auch ihrer Studentenschaft den herzlichsten Dank auszusprechen, mir freudigste Pflicht ist. Sein Rektoratsjahr reiht sich würdig an die Jahre seiner Amtsvorgänger seit dem Zusammenbruch an und er darf heute mit großer Befriedigung auf all das zurückblicken, was er während seiner Amtszeit geleistet hat.

Mit diesem Dank der Universität darf ich auch meinen persönlichen aufrichtigen Dank verbinden für die mir so außerordentlich wertvolle Unterstützung, die Sie, verehrter Herr Kollege KUNKEL, mir von dem Augenblick an, da meine Nachfolge feststand, in jeder Beziehung und in einer so besonders freundlichen Weise haben zuteil werden lassen, daß mir dies unvergessen bleiben wird.

Mein Dank gilt dann vor allem auch Ihnen, meine verehrten Herren Kollegen, wie überhaupt dem ganzen Lehrkörper der Universität, für das große Vertrauen, das Sie mir durch die Wahl zum Rektor entgegengebracht haben. Ich bin mir dabei der Singularität, die in gewisser Beziehung in meiner Wahl liegt, voll bewußt. Schon die Tatsache, daß nun wieder ein Jurist dem bisherigen Juristen im Rektoramt folgt, ist eine solche Singularität. Dazu kommt, daß ich erst verhältnismäßig kurze Zeit dem Lehrkörper als Ordinarius angehöre, wenn ich nun auch schon über 25 Jahre durch mein Lehramt mit der Universität verbunden bin.

Diese doppelte Abweichung von bewährter Tradition bedeutet für mich eine verstärkte Verpflichtung, dieses Vertrauen zu rechtfertigen und alles daranzusetzen, um die großen Schwierigkeiten, in denen sich unsere Universität immer noch befindet, einigermaßen zu überwinden.

Ich will aber in diesem Zusammenhang nicht so sehr von diesen Schwierigkeiten sprechen als von den Zielen, auf die es meines Erachtens entscheidend bei der Führung der Universität in dieser problematischen Zeit ankommt.

Es ist einmal die Erhaltung der Idee der Universität, der angesichts ihrer Bedrohung unser ganzes Bestreben gelten muß. Diese Idee der Universität wurzelt letzten Endes in dem abendländischen Freiheitsbegriff, der, auf die Universität angewendet, sich in den drei Grundfreiheiten des Forschens, des Lehrens und des Lernens manifestiert. Darin liegt der wesensmäßige Kern der von Kant inaugurierten und durch Wilhelm von Humbold verwirklichten neuen Organisationsform der Wissenschaften, wobei in dieser Idee der Universität auch das schon im Mittelalter begründete und so wichtige Moment der Freizügigkeit sowohl der Lehrer wie der Studenten mit aufging. Diese Grundfreiheiten gilt es heute mehr denn je gegen jeden Versuch der Beschränkung zu verteidigen, von welcher Seite auch immer diese Beschränkung droht, sei es vom Staat, sei es von der Politik, sei es von der Gesellschaft, sei es vom Kapital oder von sonstigen außerwissenschaftlichen Mächten und Interessen.

Dabei müssen wir uns aber bewußt sein, daß diese Grundidee der Universität, wenn sie lebendig bleiben soll, nicht stagnieren darf, und so wäre es auch verfehlt, heute anzunehmen, daß es genügte, einfach zu den Zuständen vor 1933 zurückzukehren. Wir müssen uns klar sein, daß die Zeiten sich gewandelt haben, und daß mit diesem Wandel der Zeiten auch die Aufgabe der Universität bei voller Aufrechterhaltung des Grundsätzlichen sich in manchem umgestaltet hat. Wenn heute von so mancher Seite Kritik an unseren Hochschulen geübt wird, so sehe ich eine gewisse Berechtigung für diese Kritik darin, daß das konservative Element innerhalb unserer Universitäten wohl doch zu einer gewissen Erstarrung der

Idee geführt hat und damit eine lebendige Fortentwicklung der Universitätsidee hemmt.

Schon darüber kann meines Erachtens kein Zweifel sein, daß die Idee der Universität in einer Demokratie einen in gewisser Beziehung neuen Aufgabeninhalt bekommt, und zwar unter einem doppelten Gesichtspunkt.

Jede echte Demokratie beruht oder soll jedenfalls beruhen auf einem lebendigen Miterleben der politischen Gestaltung durch die Staatsbürger. Dazu bedarf es der Weckung und der Stärkung des politischen Interesses, namentlich auch bei der Jugend. Daß damit keine Politisierung der Universität und keine Hineintragung parteipolitischer Elemente in die wissenschaftliche Organisation der Universität gemeint ist, brauche ich nicht weiter auszuführen. Aber das Verständnis für das politische Leben und seine Dynamik muß in richtiger Weise gerade auch bei den Studenten wachgerufen werden. Und so habe ich es auch durchaus begrüßt, daß gerade kürzlich die Heidelberger Studentenschaft in einer Resolution zu der Frage des Zusammenschlusses von Baden und Württemberg mit der Pfalz Stellung genommen hat. Dieser Einbezug der Pfalz in dieses südwestdeutsche Staatsgebilde ist in der Tat nicht nur von politischer und wirtschaftlicher, sondern auch von größter kultureller Bedeutung. Die Wiederherstellung der engeren kurpfälzischen Kulturgemeinschaft, in deren Mittelpunkt in früheren Zeiten gerade auch Heidelberg und seine Universität standen, wird daher auch von unserer Universität aufs lebhafteste begrüßt und ich bin deshalb auch für meine Person zusammen mit anderen Kollegen in den dafür gebildeten Aktionsausschuß eingetreten.

Der andere Gesichtspunkt, unter dem der Universität gerade in einer Demokratie eine verstärkte Aufgabe erwächst, ist der der Elitebildung. Nichts scheint mir für eine wirkliche Regeneration unseres staatlichen und politischen Lebens wichtiger zu sein, als die Frage der Bildung einer neuen deutschen Elite. Denn gerade auch die Demokratie, und sie vor allem, bedarf, wenn sie ihre Aufgabe wirklich erfüllen soll, der Führung und damit einer führenden Schicht. Damit soll in keiner Weise gesagt sein, daß etwa nur die Universität für die Heranbildung einer solchen führenden Elite in Betracht kommt. Aber auch wer frei ist von jedem akademischen Hochmut und Dünkel, wird zugeben müssen, daß die Auslese, die sich innerhalb einer richtigen Universitätsorganisation vollzieht, gerade für die Elitebildung von größter Bedeutung ist. Und deshalb muß auch dieses Moment der Elitebildung in den inneren Gehalt der Universitätsidee heute in verstärktem Maße mit aufgenommen werden.

Schon daraus ergeben sich bestimmte Zielsetzungen, die auch sonst für eine Lebendighaltung des Geistes der Universität von Wichtigkeit sind.

Sicherlich ist die Forschung an der Universität heute nötiger denn je. Wir sind auf vielen Gebieten angesichts der unheilvollen Isolierung, in der wir so lange leben mußten, offensichtlich hinter der Entwicklung in der übrigen wissenschaftlichen Welt zurückgeblieben. Wir haben uns auch selbst in den vergangenen Jahren durch eigene Schuld bewährter wissenschaftlicher Forscherkräfte beraubt. Jetzt droht eine weitere Gefahr. Wenn die Universitäten und ihre Institute nicht ausreichend finanziert werden, so ist die Versuchung, namentlich der jungen Forscher, ins Ausland zu gehen, groß, ganz abgesehen davon, daß auch von seiten der Industrie begreifliche Bestrebungen bestehen, die Forschung innerhalb ihrer Unternehmungen zu pflegen. Daraus ergibt sich, daß gerade der Forschung an den Universitäten besondere Aufmerksamkeit zugewendet werden muß, vor allem in der Richtung der Schaffung der nötigen materiellen Grundlagen, sowohl institutioneller wie personeller Art.

Aber über diese Forschungsaufgabe darf die fundamentale Bedeutung der Lehre und damit der Erziehung, zumal im demokratischen Staate, nicht verkannt werden. Ich glaube, daß eine gewisse Berechtigung der Kritik an den Hochschulen auch darin liegt, daß in der letzten Entwicklungsperiode die Lehre sowohl im Sinne der Erziehung zum Universalen, also über das Fachliche hinaus, wie im Hinblick eben auf das Problem der Elitebildung nicht die volle Betonung gehabt hat, die sie hätte haben sollen. Vielleicht hat die Lebensnähe der Universität auch durch ein zu starkes Hervortreten des Philologischen etwas gelitten. Durch all das laufen die Universitäten Gefahr, zu sehr Anstalten für die Gelehrtenausbildung zu werden und zu wenig Stätte für die Ausbildung im Leben stehender führender Persönlichkeiten zu sein.

Zu all dieser Problematik tritt nun neuerdings in verstärktem Maße auch noch das finanzielle Moment hinzu, das die Freiheit der Universität gefährdet. Es ist eine der schwierigsten Aufgaben der Universitätspolitik der nächsten Jahre, Abhängigkeiten zu vermeiden, die sich aus dieser finanziellen Not ergeben. In erster Linie kommt hier natürlich eine allzu starke Abhängigkeit vom Staate in Betracht, namentlich die Gefahr einer zunehmenden Verstaatlichung. Demgegenüber muß das Paladium der Selbstverwaltung, soweit irgend möglich, gewahrt bleiben, wie ich überhaupt in dem Gedanken der Selbstverwaltung eines der wertvollsten Mittel gegen die zunehmende Vermassung, Entpersönlichung und Bürokratisierung des Lebens sehe. Es ist daher eine der dringendsten Aufgaben, das Finanzproblem so zu lösen, daß es nicht zu einer Staatshörigkeit der Universitäten oder sonstigen Abhängigkeit und Unfreiheit führt. Ich habe, was die Studentenschaft anbelangt, versucht, durch Gründung einer freien Vereinigung von Freunden der Studentenschaft Heidelberg, eine Selbsthilfeorganisation zu schaffen. Ähnliche Gedanken werden aber auch für die Universitäten selbst angestrebt werden müssen, vielleicht durch eine Anwendung des genossenschaftlichen Gedankens unter Heranziehung aller akademischen Berufe, auf jeden Fall aber so, daß keine der Idee der Universität widersprechenden Abhängigkeiten dadurch geschaffen werden. Dabei zwingt die finanzielle Notlage in verstärktem Maße dazu, die Auslese unter den Studierenden richtig zu vollziehen. Die Schwierigkeit liegt hier namentlich darin, daß verhindert werden muß, daß nur jungen Menschen, die über die notwendigen finanziellen Mittel verfügen, der Zugang zur Universität offensteht. Entscheidendes Kriterium darf gerade auch unter dem Elitegesichtspunkt nur die geistige Qualität sein. Es sind gerade nach dieser Richtung hin schöpferische Vorschläge gemacht, die der ernstesten Prüfung bedürfen.

Das ist das Allgemeine und Grundsätzliche, was ich der Erörterung meines eigentlichen Themas vorausschicken wollte. Es zeigte sich aber dabei zugleich, daß zwischen diesem Grundsätzlichen, was ich über die Universität und ihre Idee ausgeführt habe, und dem Problem Macht und Recht, dem ich mich nun zuwende, doch auch schon ein gewisser Zusammenhang besteht. Denn es gilt, gerade auch bezüglich der Universität, jedem Vermachtungsgedanken entgegenzutreten, der der Idee der Universität widerspricht.

Wenn ich dabei dieses Problem Macht und Recht zu dem eigentlichen Gegenstand dieser meiner Rektoratsrede gemacht habe, so geschah es einmal, weil dieses Thema in gewissem Sinne die beiden Sachgebiete berührt, denen meine bisherige juristische Lebensarbeit galt, nämlich dem Wirtschafts- und Gesellschaftsrecht einerseits und dem Staatsrecht und Völkerrecht andererseits. Es schien mir aber auch gerade aus den eben erörterten allgemeinen Gesichtspunkten richtig, ein Thema zu wählen, dem über das rein fachliche hinaus allgemeines Interesse zukommt.

Dazu gehört aber in hervorragendem Maße das Verhältnis von Macht und Recht als zwei der ganz großen Organisationsprinzipien der menschlichen Gesellschaft.

Zunächst: Wie verhalten sich die beiden Organisationselemente Macht und Recht zueinander? Schon das ist eine grundsätzliche Frage, deren Beantwortung nicht einfach ist. Es kommt dabei meines Erachtens folgendes in Betracht.

Alles Recht ist neben seinem Sollensgehalt zugleich auch Macht. Denn indem das Recht keine freiwillige Ordnung, sondern eine Zwangsordnung schafft, bedarf es zu seinem Wesen der Macht, sich durchzusetzen. Schon PASCAL hat erklärt, daß Recht ohne Macht Ohnmacht ist. Das Recht bedarf also der Macht. Insofern wurzelt das Recht nicht nur in der Sollenssphäre, sondern zugleich auch in der Seinssphäre, in der realen Wirklichkeit. Hinter dem Recht muß, wenn es Geltung in der Wirklichkeit haben soll, die Macht der Durchsetzbarkeit stehen. Es ist dies übrigens auch einer der Gesichtspunkte, die gegen eine Hypertrophie gesetzlicher Regelungen sprechen. Das Recht verliert an Autorität, wenn es zuviel befiehlt, wenn es praktisch gar nicht möglich ist, die Fülle der gesetzlichen Befehle und Anordnungen alle zu beachten. Deshalb sind auch die sog. leges imperfectae dem Rechtsgedanken oft abträglich. Dabei kann eine solche Imperfektheit eines Gesetzes vom Gesetzgeber selbst gewollt sein, indem er selbst ausnahmsweise auf den Zwang verzichtet. Sie kann aber auch eine ungewollte sein, indem gegen den Willen des Gesetzgebers dem Gesetz die Kraft der Durchsetzbarkeit fehlt, wie wir dies gerade in letzter Zeit häufig erleben. Und hier sei auch noch ein völkerrechtlicher Gesichtspunkt angefügt. Auch im Völkerrecht werden jetzt neue Rechtssätze geschaffen und so z. B. die Verbrechen gegen die Menschlichkeit unter Strafe gestellt. Die Ausweitung des Völkerrechts in dieser Beziehung ist sicher zu begrüßen, weil auch darin ein Sieg des Rechtsgedankens über die brutale Gewalt liegt. Aber es scheint mir gerade im Interesse der Autorität des Völkerrechts und zur Vermeidung einer Krise auf völkerrechtlichem Gebiet dringend erforderlich, daß auch diese neuen völkerrechtlichen Regeln keine leges imperfectae werden, namentlich nicht in dem Sinne, daß sie bald angewendet, bald nicht angewendet werden. Der Grundsatz der Gleichheit vor dem Gesetz sollte auch über diesen neuen völkerrechtlichen Normen stehen.

Schon daraus, daß das Recht auch Macht ist, ergibt sich, daß das Recht nicht bloße Norm sein kann. Denn eine Norm, die keine Geltung hat, weil das Machtelement fehlt, ist eben kein Recht. Man muß sich aber ferner darüber klar sein, daß auch darüber hinaus das Recht sich nicht in der abstrakten Norm erschöpft. Wohl erscheint es im Gewande der Norm. Aber das Leben wartet darauf, das Gewand auch wirklich getragen zu sehen. Denn erst in seiner Anwendung kann das Recht seine fundamentale Ordnungsfunktion erfüllen. Recht und Leben gehören daher untrennbar zusammen. Erst durch die Konkretisierung des abstrakten Inhaltes der Norm durch die Anwendung auf den einzelnen Fall entsteht das wirkliche, lebendige Recht. Dabei ergeben sich häufig Diskrepanzen zwischen dem geschriebenen Recht und der lebendigen Rechtswirklichkeit. Sie müssen in Kauf genommen werden, wenn das Recht wirklich lebendig bleiben soll. Nur wenn die Diskrepanz zwischen geschriebenem Recht und gelebtem Recht so groß wird, daß die Autorität des Rechtes darunter leidet, muß eine Anpassung des geschriebenen Rechts an den wirklichen Rechtszustand eintreten, soweit dieser wirkliche Rechtszustand seinem inneren Wesen nach noch als Recht angesprochen werden kann und sich nicht etwa als Unrecht oder als Willkür darstellt.

Für unsere Betrachtung ist also zunächst wichtig, daß Recht ohne Macht nicht leben kann, daß vielmehr das Recht, um wirklich geltendes Recht zu sein, auf den Faktor Macht angewiesen ist. Insofern hat der Satz eine gewisse Berechtigung: Am Anfang des Rechtes stand die Macht!

Ohne Macht kann in der Tat wirksames Recht nicht geschaffen werden und nicht bestehen.

Dieses Verhältnis des Rechts zur Macht ist aber natürlich nur die eine Seite des Problems. Die andere Seite ist nun die grundsätzliche Frage des Verhältnisses der Macht zum Recht. Dabei ist klar, daß die Macht selbst kein Rechtsbegriff ist, sondern ein soziologischer Begriff, ein gesellschaftliches

Strukturelement. Dabei gibt es viele Machtbezirke, die mit dem Recht schon deswegen nichts zu tun haben, weil sie außerhalb der Funktion des Rechtes liegen, das äußere Gemeinschaftsleben der Menschen zu ordnen. Die beiden großen Kreise Macht und Recht berühren sich nun aber, wenn die Macht sich in Befehlen und Anordnungen äußert und von dem Menschen ein bestimmtes Verhalten fordert, das insofern im Aktionsradius des Rechtes liegt, als es sich dabei um das äußere Zusammenleben der Menschen handelt.

Dabei muß man sich zunächst darüber klar sein, wie das gesellschaftliche Strukturelement der Macht überhaupt in das menschliche Leben hineingekommen ist.

In dem paradiesischen Urzustand der Menschheit (platonisch ausgedrückt: in der ständelosen Urgesellschaft, christlich ausgedrückt: in der durch den Sündenfall noch nicht gestörten Schöpfungsordnung) brauchte es noch keiner Macht. Anders in der gestörten Schöpfungsordnung, oder, platonisch ausgedrückt, in der zu Ständen und Staat aufgestockten Gesellschaft. In dieser zum Staate entwickelten Gesellschaft muß nach Plato, wenn auch im abgewandelten Sinne, die frühere Brüderlichkeit der Urgesellschaft wieder hergestellt werden, und zwar durch eine gerechte staatliche Ordnung. Denn diese Gesellschaft kann nur gedeihen unter der Herrschaft von Recht und Gerechtigkeit. Sonst werden die Stände zu ausbeutenden Klassen und aus dem guten Staat wird der verschwelgte Staat im Sinne Platos, ein unmäßiger, üppiger, aggressiver und expansiver Staat. Oder, christlich gesprochen, die göttliche Ordnung des Ursprungs ist durch die Sünde zu einer gestörten Ordnung geworden. Der Mensch ist in Anwendung seiner Willensfreiheit von seiner göttlichen Bestimmung abgewichen und hat sich durch seine eigene Entscheidung zur göttlichen Schöpfungsordnung in Widerspruch gesetzt. So bedarf es einer besonderen Art von Ordnungen, durch die die Auswirkungen dieses rebellischen menschlichen Eigenwillens einigermaßen in Schranken gehalten werden. Es sind Institutionen notwendig, durch die der Egoismus und die Willkür des Einzelnen, soweit wie möglich, unter das Gesetz der Verantwortlichkeit und des Gemeinwohls gestellt werden. So ist der Staat nach christlicher Auffassung nicht so sehr, wie nach rationalem Naturrecht, eine Einrichtung, durch die in erster Linie die Rechte und Freiheiten des Einzelnen geschützt werden. Der christliche Staat ist vor allem eine Ordnungsmacht, durch die wenigstens ein gewisses Maß von Gerechtigkeit und sozialer Harmonie in dieser sündigen Welt hergestellt werden soll. Die christliche Naturrechtslehre erkennt die Realität des Bösen. Um der Bekämpfung dieses Bösen willen muß der Zwang und die Macht des Staates sein. Welcher von beiden Auffassungen, der mehr antiken oder der christlichen, man sich auch anschließen mag, jedenfalls ergibt sich aus beiden, daß die Macht nicht schon an sich böse ist. Denn sie wird ja von beiden als Ordnungsfaktor in Anspruch genommen.

Andererseits besteht aber in dieser unvollkommenen Welt immer wieder die Gefahr, daß sich das Böse dieses Faktors Macht bemächtigt. Denn es liegt gerade im Wesen des Bösen, daß es nach Macht strebt. Es sucht daher, die Macht in seinen eigenen Bezirk hineinzuziehen und sie zum Abfall vom Guten zu bringen. Das Böse setzt alles daran, zu erreichen, daß der Macht ihre gottgewollte Funktion, gute und gerechte Ordnung zu schaffen, verlorengeht. Die Macht hört dann auf, ihre ursprüngliche Funktion der Bekämpfung des Bösen, der Willkür, der brutalen Gewalt zu erfüllen und wird damit selbst ein wesentlicher Teil des Bösen, wobei sich noch hinzufügen läßt, daß je größer die Macht ist, desto mehr die Gefahr besteht, daß sie böse wird.

Das große Gegenprinzip gegen diese Ingewaltnahme der Macht durch das Böse ist nun neben Religion und Moral das Recht. Denn das Recht will gerechte Ordnung. Es ist die an der Rechtsidee, an der Gerechtigkeit orientierte menschliche Lebensordnung. Als man uns aus dem Paradiese vertrieb, hat man uns das Recht als eines der Regulativen für dieses unvollkommene irdische Leben gelassen. Das Recht will den Kampf ums Dasein, der, symbolisch gesprochen, mit der Vertreibung aus dem Paradiese begann, entbestialisieren. Es will namentlich den Schwächeren gegen mißbräuchliche Gewaltanwendung seitens des Stärkeren schützen. Damit ist nicht gesagt, daß das Recht nun Frieden um jeden Preis anstrebt. Es wird kämpferisch, wenn es gilt, gegen Unrecht vorzugehen. Es trägt vor sich die Friedensfahne, aber in dem Sinne, daß es, soweit Böses die Macht zur Gewalt werden läßt, sich dagegen zur Wehr setzt.

Deshalb nimmt das Recht eine Prüfung der Macht vor, und zwar unter zwei höchst bedeutungsvollen Gesichtspunkten, nämlich unter den beiden Gesichtspunkten der Legalität und der Legitimität. Dabei ist zunächst schon, vom Rechte her gesehen, eine Dreiteilung wichtig. Es sind nämlich drei Rechtsgemeinschaften, in denen wir leben. Sie folgen rangmäßig aufeinander mit der Maßgabe, daß die Rechtsnormen der unteren Stufe, des engeren Kreises, nicht im Widerspruch stehen dürfen zu den Normen der umfassenderen Stufe, der weiteren Gemeinschaft. Die unterste Stufe bilden die engeren Rechtsgemeinschaften, deren Ordnung durch Satzungsrecht, durch Verbandsautonomie oder Familienautonomie erfolgt. Die Hauptstufe sind dann die nationalen Rechtsgemeinschaften, deren Rechtsquelle die Gesetze sind, daneben aber auch das Gewohnheitsrecht. Darüber wölbt sich dann als dritte Stufe die Kuppel der Völkerrechtsgemeinschaft, auf die ich im weiteren noch zu sprechen komme.

Für unsere Betrachtung ist es nun wichtig, daß auch die Machtentfaltung, soweit sie rechtlich relevant ist, uns in dreifacher Gestalt entgegentritt, wobei nun alle diese drei Entfaltungen der Macht unter den beiden Prinzipien der Legalität und der Legitimität zu prüfen sind.

Wir haben einmal die private Macht als die Macht, die ein Einzelner von sich aus ausübt, ohne seine Machtbefugnis vom Staate herzuleiten.

Die Ausübung solcher privater Macht muß zunächst gesetzmäßig, also legal sein. Widerspricht sie dem Gesetz, hält sie der Nachprüfung nach dem Legalitätsprinzip nicht stand, dann ist sie unzulässig und damit böse Macht.

Aber nicht jede private Macht, die sich noch im Rahmen des Gesetzes hält, ist gute Macht. Wenn sie gut sein soll, muß sie auch dem Legitimitätsprinzip genügen, und zwar in dem Sinne, daß solche private Macht, selbst wenn sie nicht gesetzwidrig ist, nur dann legitim ist, wenn die Macht dabei die Ordnungsfunktion erfüllt, die ihr innewohnen muß, wenn sie nicht zur Gewalt und damit zu Unrecht werden soll. Erweist sich, daß konkrete private Macht nicht das tut, wofür sie geschaffen ist, nämlich gerechte Ordnung schaffen, so ist sie schädlich und damit böse Macht. Ich brauche in dieser Beziehung nur auf die Erscheinung der monopolistischen Wirtschaftsmacht hinzuweisen, die, solange der Gesetzgeber dagegen nicht vorging, zwar legale Machtentfaltung darstellte, der aber schon damals die Legitimationsgrundlage fehlte, weil ihre Wirkung volksschädlich und damit ordnungswidrig ist. So muß schon innerhalb der privaten Sphäre, also im Verhältnis von Einzelmensch zu Einzelmensch, die Macht sowohl dem Legalitätsprinzip wie dem Legitimitätsprinzip genügen, wenn sie vom Recht anzuerkennende und nicht zu bekämpfende Macht sein soll.

All dies verstärkt sich nun aber in der zweiten Stufe der Machtentfaltung, nämlich bei der staatlichen Macht, wobei ich zunächst von der innerstaatlichen Macht sprechen will. Solche innerstaatliche Macht muß zum einen dem Legalitätsprinzip entsprechen, und zwar vor allen Dingen in dem Sinne, daß sie verfassungsmäßig sein muß. Es gehört zum Wesen des Rechtsstaates, daß jede staatliche Machtentfaltung auf ihre verfassungsmäßige Zulässigkeit nachprüfbar sein muß, sei es durch die ordentlichen Gerichte oder durch einen besonders hierfür errichteten Staats- oder Verfassungsgerichtshof. Vor allem gewinnt nun aber bei der innerstaatlichen

Macht darüber hinaus das Legitimitätsprinzip verstärkte Bedeutung. Ich lehne mich in meinen nachfolgenden Ausführungen weitgehend an das ausgezeichnete letzte Werk des verstorbenen italienischen Historikers GUGLIELMO FERRERO an mit dem Titel „Macht". FERRERO unterscheidet zunächst in sehr interessanter Weise vier Arten einer staatlichen Machtentfaltung, nämlich die legitime Macht, die vorlegitime Macht, die illegitime Macht und die revolutionäre Macht, wobei er in gewissen Fällen auch von einer Quasilegitimation spricht.

Dabei haben sich historisch in der abendländischen Kultur vier Legitimitätsprinzipien als Rechtfertigung für die Staatsmacht entwickelt, nämlich das Wahlprinzip, das demokratische Prinzip, das Prinzip der Erblichkeit und das aristokratisch-monarchische Prinzip, wobei häufig, aber nicht notwendig, die beiden ersten Prinzipien und die beiden letzten Prinzipien miteinander verbunden sind. Alle diese Prinzipien haben in verschiedener Weise, gewissermaßen als die unsichtbaren Geister der Gemeinschaft, eine oft magische Kraft entwickelt. FERRERO führt in diesem Zusammenhange aus, daß die regelmäßig in Erscheinung tretende Angst der Diktatoren — als Beispiele weist er auf Napoleon und Mussolini hin — ein Einfluß dieser magischen Gewalt der Legitimitätsprinzipien ist. Der Diktator erschrickt vor seiner Macht, weil er sie erlangt hat, indem er ein Legitimitätsprinzip verletzte, wie überhaupt FERRERO der Macht, soweit sie gut ist, die Furcht als Gegenprinzip gegenüberstellt. Die Legitimität ist in diesem Sinne der Geist der Rechtmäßigkeit, ein dem Rechtsgedanken entsprechendes Verhalten von Regierenden und Regierten. Die Furcht ist demgegenüber das böse Prinzip. Sie kommt sowohl in der Furcht der Herrscher vor den Beherrschten, wie umgekehrt in der Furcht der Beherrschten vor dem Herrscher zum Ausdruck. Die Macht, die mit Furcht regiert, ist heillos und ein Stück des Bösen. Die legitime Macht, die so ausgeübt wird, daß jene, die gehorchen müssen, dies ohne Furcht tun, eben weil es sich um legitime Macht handelt, ist gerechte Ordnung, mag dabei die Grundform der Verfassung monarchisch-aristokratisch oder demokratisch sein, mag das Prinzip der Abstammung oder der Mehrheit gelten.

Dabei ist es für uns heute besonders wichtig, sich über die Legitimitätsgrundlagen der Demokratie klar zu sein. Sie beruhen auf dem Mehrheitsprinzip und damit auf dem Prinzip der Wahl. Insofern ist also die Demokratie eine Übertragung von Macht durch Wahl. Die so wichtige Entscheidung zwischen den Menschen, die das Recht haben, zu befehlen, und jenen, die die Pflicht haben, zu gehorchen, erfolgt also hier durch das von jeder Transzendenz freie Prinzip der Wahl und damit der Mehrheit, so daß man insofern sagen kann, die Macht kommt hier von unten. Dabei haben sich nun aber im Laufe der geschichtlichen Entwicklung weitere Sicherheitsprinzipien entwickelt, die heute zur Grundlage jeder echten Demokratie geworden sind.

In Betracht kommt hier vor allen Dingen der Gedanke, daß jene, die gehorchen müssen, nicht nur das Recht haben sollen, diejenigen, die befehlen, zu wählen, sondern sie auch zu kontrollieren. Damit sind Mehrheit und Minderheit, Recht zu befehlen und Recht auf Kontrolle und Opposition, die beiden Grundpfeiler der demokratischen Legitimität geworden. Gerade wenn man vom Volkswillen als dem für die Demokratie maßgebenden Souveränitätsprinzip ausgeht, also vom allgemeinen Willen schon im Sinne von ROUSSEAU, muß man sich darüber klar sein, daß der Volkswille weder mit dem Willen der Mehrheit noch mit dem Willen der Minderheit gleichgesetzt werden kann. Beide, Mehrheit und Minderheit, sind Teile des einzigen souveränen Volkswillens. Keiner dieser beiden Willensteile kann von dem anderen unterdrückt werden ohne den souveränen Willen des Volkes zu verstümmeln und die Quelle der Legitimität zu verstopfen. Die beiden einander entgegengesetzten Willen müssen sich daher kundtun können, und zwar jeder in seinem Bereich, den der andere zu achten hat. Bei der Mehrheit ist dieser Bereich die Macht, bei der Minderheit die Opposition. Die Mehrheit hat das Recht zu regieren, die Minderheit hat das Recht, Opposition zu machen und die Mehrheit zu kritisieren und zu versuchen, ihrerseits Mehrheit zu werden. Aus diesem Grunde ist in den Demokratien, was bei uns keineswegs voll erkannt ist, die Opposition ein ebenso wichtiges Organ der Volkssouveränität wie die Regierung. Die Opposition abschaffen, oder, sie in ihrem Bezirk einzuengen, heißt, die Souveränität des Volkes zu beeinträchtigen. Die angelsächsischen Demokratien haben bekanntermaßen diese Grundwahrheit erkannt und ihr dadurch Rechnung getragen, daß sie zu Lasten des Budgets ebenso dem Haupt der Regierung wie dem Haupt der Opposition einen Gehalt aussetzen.

Es müssen aber noch weitere Voraussetzungen hinzukommen, wenn eine legitime Demokratie vorliegen soll. Einmal muß die Mehrheit eine wirkliche Mehrheit sein und nicht etwa eine durch Gewalt oder Betrug als Mehrheit vermummte Minderheit. In einer wirklichen Demokratie muß sich aber die Mehrheit auch bewußt sein, daß sie ihrer Natur nach veränderlich ist. Sie muß daher darauf verzichten, sich der Macht zu bedienen, um sich dauernd an der Macht zu halten. Mißbraucht die Mehrheit ihre Macht, um sie zu perpetuieren, so hört sie auf, eine demokratische zu sein. Andererseits muß es sich aber auch bei der Minderheit um eine wirkliche, oppositionsfähige Minderheit handeln. Es muß sich in ihr ein breiterer Meinungsstrom ausdrücken. Insofern entsprechen kleine Splitterparteien nicht dem Wesen der Demokratie. Um ernsthafte und fruchtbare Opposition zu machen, braucht die Minderheit ein dauerhaft aufgebautes System von politischen Freiheiten, wie insbesondere Pressefreiheit, Redefreiheit, Vereins- und Versammlungsfreiheit und Sicherung des freien Stimmrechtes. Die Minderheit darf aber diese Freiheiten, wie überhaupt ihre Macht zur Opposition, nicht mißbrauchen, insbesondere nicht durch Unehrlichkeit und ungerechte Kritik. Sie darf sich nicht von dem Willen leiten lassen, lediglich der Mehrheit zu schaden.

Aus all dem ergibt sich, wie wichtig gerade in der Demokratie für die hier von der Staatsgewalt ausgehenden Macht die Legitimitätsgrundlage ist. Wenn so auch die Legitimitätsgrundlage bei der Staatsmacht sich in erster Linie auf einem der vier Legitimitätsprinzipien aufbaut, so darf doch darüber hinaus auch der allgemein schon bei der Privatmacht erörterte Legitimitätsgedanke nicht außer Acht gelassen werden, nämlich, daß die konkrete Staatsgewalt wirklich in der Lage sein muß, eine gute und gerechte Ordnung zu schaffen.

Diese Fähigkeit kann sich eigentlich erst nach einiger Zeit der Ausübung der Staatsmacht erweisen. Insofern kann man von einer Vorlegitimität der Staatsmacht sprechen, die dann entweder, nämlich im Falle der Bewährung, zur legitimen Macht führt, oder, im Falle der Nichtbewährung, zur illegitimen Macht wird. Mit Recht führt FERRERO aus, daß die Schädlichkeit einer Macht immer das Zeichen und Eingeständnis ihrer bösen Natur oder ihrer bösen Struktur ist. Die Schädlichkeit beweist, daß die Macht unfähig ist, das zu tun, wofür sie geschaffen wurde.

Nach diesen Gesichtspunkten ist schließlich auch die revolutionäre Macht zu beurteilen. Sie ist in ihren Anfängen illegal und illegitim. Sie kann sich aber zunächst eine Art von Vorlegitimität dadurch verschaffen, daß die, die gehorchen sollen, bereit sind, sie hinzunehmen. Die eigentliche Legitimität entsteht aber erst dann, wenn sie ihre Fähigkeit, eine neue gerechte staatliche Ordnung zu schaffen, so nachhaltig erwiesen hat, daß die Bevölkerung ihr ohne Furcht gehorcht und sie jedenfalls, in der Mehrheit, innerlich bejaht.

Ich habe bis jetzt von der privaten Macht und von der innerstaatlichen Macht gesprochen und wende mich nun abschließend der dritten Ebene zu, nämlich den Machtentfaltungen im Verhältnis der Völker zueinander.

Gerade hier stehen wir noch in den ersten Anfängen der Durchdringung des Machtgedankens mit dem Rechtsgedanken. Wohl hat bis zum Zerfall des Mittelalters die allgemeine christliche Moral bis zu einem gewissen Grade zu einer sittlichen Durchdringung auch des öffentlichen Lebens und der Politik geführt. Dann aber hat nach dem Zusammenbruch der mittelalterlichen Welt und der Ablösung ihrer sakralen Universalität durch eine Herrschaft der Vernunft sich dies grundsätzlich geändert. Beginnend mit Machiavelli wird in zunehmendem Maße die christliche Moral als Norm des politischen Handelns entweder offen abgelehnt oder jedenfalls doch in der Realität des Handelns beiseitegeschoben. Wohl schreibt Friedrich der Große noch seinen Anti-Machiavell. Aber auch er ist notwendigerweise in den Machtgedanken seiner Zeit verstrickt, der mangels einer rechtlichen Sicherung des Verhältnisses der Völker zueinander die Macht und oft die brutale Gewalt geradezu zu einer Tugend des Politikers machte, namentlich in der Außenpolitik. Jetzt erst fangen wir damit an, diese Sicherheit auch unter den Völkern zu schaffen und damit auch das Verhältnis der Völker untereinander auf der Grundlage des Rechts zu organisieren. Dabei treten uns in dieser Ebene zwei Arten von Machtentfaltungen entgegen, die zu unterscheiden sind, nämlich erstens: die nationalen außenstaatlichen Machtentfaltungen und zweitens: die Machtentfaltungen übernationaler Gebilde. Für beide Arten der Machtentfaltung kommt der Rechtsgedanke in verschiedener Gestalt in Betracht:

In der Sphäre der nationalen außenstaatlichen Machtentfaltungen bildet das Völkerrecht die Rechtsgrundlage der Macht. Die Legalität wurzelt hier in den Normen der völkerrechtlichen Rechtsgemeinschaft, die einmal aus dem internationalen Gewohnheitsrecht bestehen und ferner aus den sog. sonstigen allgemeinen, d. h. von allen Kulturstaaten, anerkannten Regeln des Völkerrechts.

Ihre bindende Kraft fließt nicht aus dem Staatscharakter der Völkergemeinschaft, der jedenfalls zur Zeit fehlt, auch nicht aus dem Willen und damit aus dem Belieben der einzelnen Staaten, sondern aus ihrer Eigenschaft als Integration der völkerrechtlichen Rechtsgemeinschaft. Die hier häufig vorkommenden Staatsverträge sind keine unmittelbaren Rechtsnormen. Ihre bindende Kraft folgt vielmehr mittelbar aus dem zu den allgemein anerkannten Regeln auch des Völkerrechtes gehörenden Grundsatz, daß Verträge, soweit sie gültig zustandegekommen sind, zu halten sind.

Dabei zeigt sich nun hier eine sehr bedeutungsvolle Fortgestaltung des bisherigen Völkerrechts. Während das bisherige Völkerrecht reines Staatenrecht war, das nur Staaten an seiner Rechtsgemeinschaft teilnehmen ließ, nicht aber das einzelne Individuum, bahnt sich jetzt eine Entwicklung an, die auch das einzelne Individuum an der völkerrechtlichen Gemeinschaft teilnehmen lassen will, wobei zwei Ursachen für diese Entwicklung nebeneinander herlaufen. Einmal hat schon die Demokratisierung des Staates eine Einbruchstelle in die Auffassung entstehen lassen, daß nur Staaten Subjekte des Völkerrechts sein können. Dazu kommt aber vor allem auch die Entwicklung zum totalen Krieg. Bis dahin war der Krieg eine Angelegenheit, die die Staaten lediglich unter sich auszumachen hatten. Die Privatpersonen und ihr Eigentum hatten grundsätzlich mit der Kriegsführung und mit den Kriegsfolgen nichts zu tun. Der mit dem Mittelalter einsetzenden Entprivatisierung und Verstaatlichung des Krieges entsprach die Herausnahme des Individuums aus dem Kriegsrecht. Indem nun durch den totalen Krieg die Begrenzung des Krieges auf die staatliche Sphäre durchbrochen wurde, wird nun auch wieder das Einzelindividuum in das Kriegsrecht mit einbezogen.

All dies hat dazu geführt, daß man damit beginnt, auch das Einzelindividuum als Träger von Rechten und Pflichten in der Völkergemeinschaft in Erscheinung treten zu lassen.

Dabei war es hinsichtlich der Frage, ob auch das Einzelindividuum als Träger von Rechten im Völkerrecht erscheinen kann, vor allen Dingen der Gedanke der Menschenrechte in seiner neuzeitlichen Gestaltung, der diese Entwicklung gefördert hat. Sie führt dazu, dem in diesen Rechten verletzten Individuum auch einen unmittelbaren Anspruch gegen den Verletzer, sei es Staat, sei es Einzelsubjekt, zu geben.

Zwar sind nach Art. 34 des Statuts des Internationalen Gerichtshofes der UN auch weiterhin nur die Staaten berechtigt, als Parteien vor dem Gerichtshof aufzutreten. Der Gerichtshof kann aber die öffentlich-rechtlichen internationalen Organisationen, zu denen auch die Kommission für Menschenrechte gehört, um Auskunft über die vor ihn gebrachten Angelegenheiten ersuchen. Er nimmt solche Auskunft auch entgegen, wenn sie ihm von diesen Organisationen aus eigener Initiative erteilt wird.

Es hat aber darüber hinaus die von der UN eingesetzte Kommission für die Menschenrechte in ihrer letzten Tagung auch den Gedanken eines besonderen Internationalen Gerichtshofes erörtert, vor dem wegen Verletzungen von Menschenrechten soll geklagt werden können. Und auch wenn neuerdings von einem Europäischen Gerichtshof die Rede ist, denkt man daran, ihn auch für Klagen wegen Verletzung von Menschenrechten für zuständig zu erklären.

Aber nicht nur hinsichtlich der Rechte, sondern auch hinsichtlich der Verantwortlichkeit von Einzelpersonen, sehen wir die gleiche Entwicklung sich anbahnen, namentlich, was die Verantwortlichkeit von Einzelpersonen für Kriegsverbrechen anbelangt. Schon nach dem ersten Weltkriege tauchte die Frage einer etwaigen Klageerhebung gegen die U-Boot-Kapitäne auf. Man zeigte damals aber gerade von seiten der amerikanischen Juristen noch wenig Neigung, eine

Verantwortlichkeit von Einzelpersonen zu bejahen. Erst der zweite Weltkrieg hat, eben infolge seines totalen Charakters, zu dieser Bejahung geführt, eine an sich durchaus begrüßenswerte Entwicklung, wenn mit ihr im konkretem Falle nicht eine erhebliche Problematik verbunden wäre. Soll ein lediglich aus Richtern beteiligter Staaten gebildeter Gerichtshof wirklich für die Aburteilung solcher völkerrechtlicher Kriegsverbrechen zuständig sein? Die richtige Lösung dieses Problems kann gerade vom Rechtsstandpunkt aus nur die sein, daß nur ein aus der Völkerrechtsgemeinschaft selbst herausgewachsener Internationaler Gerichtshof dazu legitimiert sein sollte, über die völkerrechtlichen Verbrechen von Einzelpersonen abzuurteilen.

Soviel über die eine Art der Machtentfaltung in der Ebene der Völker und Nationen, nämlich über die nationale außenstaatliche Machtentfaltung.

Schon das Völkerrecht selbst führt nun aber zu dem weiteren Machtproblem in dieser Ebene. Denn schon das Völkerrecht kann eigentlich nur wirksames Recht sein, wenn auch hinter ihm die Macht der Durchsetzbarkeit steht. Mit Recht ist in dieser Beziehung ausgeführt worden, daß, wenn das Völkerrecht eine Rechtsordnung sein soll, dann auch dieses Normensystem als eine Zwangsordnung gelten muß. Und so trägt schon das Völkerrecht selbst die Tendenz in sich, übernationale Organisationen zu schaffen, die Träger einer gewissen Macht sein müssen, wenn sie in der Realität wirksam sein sollen und die dann auch dem Völkerrecht die Kraft der Durchsetzbarkeit geben.

All dies führt zu der allmählichen Überwindung des Dogmas von der Souveränität des Einzelstaates im Sinne einer mindestens teilweisen Preisgabe der bisherigen nationalen Macht zugunsten des übernationalen Gebildes, mag es sich dabei um kontinentale Zusammenfassungen oder um eine Weltorganisation handeln.

Daraus ergibt sich zugleich, daß es sich bei diesem Machtproblem vor allen Dingen um die Frage einer Verlagerung von bisheriger nationaler Macht an übernationale Organisationen handelt, womit zugleich auch die Schwierigkeit der Schaffung solcher wirksamer übernationaler Organisationen gekennzeichnet ist. Denn niemand gibt gerne bisher eigene Macht an einen anderen ab. Aber nur wenn es gelingt, die nationalen, politischen und wirtschaftlichen Egoismen allmählich zu überwinden und die bisherigen Nationalstaaten dahin zu bringen, daß sie auf einen Teil ihrer Macht und damit auf einen Teil ihrer Souveränität verzichten, ist es möglich, solche übernationalen Zusammenschlüsse zu verwirklichen.

Dies gilt gerade auch für den jetzt so viel besprochenen europäischen Zusammenschluß. Mit der rein theoretischen Feststellung, daß eine paneuropäische Zusammenfassung erfolgen muß, ist es wahrlich nicht getan. Das Problem, das zugleich ein politisches, wirtschaftliches, soziales und nicht zuletzt auch psychologisches ist, liegt viel tiefer. Ich habe mich darüber in meiner Rede bei der Eröffnung der Europäischen Akademie, die demnächst im Druck vorliegen wird, des näheren ausgesprochen.

Es bedarf dabei vor allem einer psychologischen Vorbereitung und Bereitschaftmachung der europäischen Völker. Die europäischen Menschen müssen herausgehoben werden aus ihrer nationalen Begrenztheit und Engstirnigkeit und müssen reif gemacht werden für einen wirklichen europäischen Zusammenschluß.

Auch solche übernationalen Machtgebilde bedürfen dann der Legitimitätsgrundlage in dem vorher erörterten Sinne. Es muß gute Macht sein, die sie entfalten, Macht, die ihre Legitimation dadurch in sich trägt, daß sie auch wirklich fähig ist, die Neuordnung, die wir so dringend brauchen, in der Realität zu schaffen. Macht ohne Furcht im Sinne FERREROs muß auch hier die Grundlage der Legitimität sein!

Lassen Sie mich mit dem Wunsche schließen, daß es in nicht allzu langer Zeit gelingt, zu solchen legitimen übernationalen Machtgebilden zu kommen, und lassen Sie mich, was insbesondere die Frage des Abendlandes anbelangt, Hoffnung schöpfen aus einer auf Freiheit und Verantwortung gegründeten Geschichtsauffassung, wie sie neuerdings namentlich auch der englische Historiker ARNOLD J. TOYNBEE vertreten hat. In seinem rasch berühmt gewordenen großen geschichtlichen Werk „A Study of History" kommt er in gewisser Abweichung von Spengler zu dem Ergebnis, daß die Annahme eines zyklisch sich wiederholenden Geschichts- und Kulturablaufs zum mindesten nur teilweise berechtigt ist, und daß gerade bei Kulturen, die in die Gefahr der Auflösung geraten, sich aus der Gefahrensituation heraus Erneuerungskräfte ergeben können, die den Niedergang aufzuhalten imstande sind, ganz im Sinne jenes tiefen Verses von Hölderlin in der Pathmos-Hymne:

Wo aber Gefahr ist, wächst das Rettende auch!

Und nun lassen Sie mich zur feierlichen Verpflichtung der neuimmatrikulierten Studenten schreiten.

Und damit wende ich mich an Euch, meine jungen Kommilitonen, die Ihr durch diese Immatrikulation in Eueren akademischen Bürgerrechten bestätigt und als Glieder unserer Korporation verpflichtet werden sollt.

Laßt Euch in diesem für Euch bedeutsamen Augenblick folgendes sagen:

Der Beginn Eures Studiums fällt in eine leiderfüllte und ernste Zeit, in eine Zeit voller äußerer und innerer Verwirrungen und Schwierigkeiten, und manche von Euch haben selbst Schweres erlebt.

Laßt Euch dadurch das Vorrecht der Jugend, froh zu sein, nicht ganz rauben. Aber verinnerlicht diese Lebensfreude, auf die Ihr ein Recht habt. Holt Euch die Freude am Dasein aus der Schönheit der Natur, aus den Höhen der Kunst und ans der Tiefe des Erkennens.

Bleibt trotz dieser Härte des Lebens nicht im reinen Fachstudium verhaftet, sondern strebt danach, vollwertige Menschen zu werden, indem Ihr den uns immer noch verbliebenen Reichtum an Werten des Geistes, der Kultur und der Kunst in Euch aufnehmt, und macht damit trotz der Not der Gegenwart Euer Leben reich!

Seid tolerant und ritterlich gegen Eure Mitmenschen und setzt Euch mit denen, die anderer Auffassung sind, sachlich auseinander.

Aber bekämpft Unrecht, Lüge und Gewalt, wie überhaupt das Böse in der Welt, wo und in welcher Gestalt es Euch auch entgegentritt.

Habt dabei auch den Mut der eigenen Überzeugung und tretet rückhaltlos für das ein, was Ihr als wahr, echt und recht erkannt habt.

Seid mit einem Wort vor allem Menschen!

Kant hat einmal gesagt:

„Die höchste Aufgabe des Menschen ist zu wissen, was einer sein muß, um ein Mensch zu sein.“

Strebt dieser höchsten Aufgabe des Menschseins entgegen.

Wir brauchen den Wert der Persönlichkeit und des wahren Menschtums heute mehr denn je, wenn wir aus der Kulturkrise, in die die Welt hineingeraten ist, herauskommen wollen.

Wir brauchen solche, von echtem Menschtum erfüllte, Persönlichkeiten in der Politik und im öffentlichen Leben, wir brauchen sie in der Wirtschaft und nicht zuletzt im sozialen Bereich.

Nichts ist bedenklicher an dieser Zeit als diese Vermassung und Entmenschlichung des Lebens, diese zunehmende Entpersönlichung unseres Daseins, die droht, den Menschen zum reinen Funktionär und zum bloßen Manager zu machen.

Haltet dabei fest an Eurem Deutschtum mit jener echten Vaterlandsliebe, die nicht in einem Drange nach äußerer Machtentfaltung wurzelt, sondern in der inneren Verbundenheit mit der deutschen Kultur und der deutschen Landschaft und zugleich auch in dem Erlebnis der Ausdrucksfähigkeit und der Gestaltungskraft der deutschen Sprache wurzelt, und die trotz allem, was geschehen ist, den Glauben an den deutschen Menschen nicht verloren hat.

Aber seid keine engstirnigen Nationalisten.

Wir sehen ja, wohin uns diese nationalistische Dämonie gebracht hat. Sie muß durch eine Neuordnung Europas und der Welt überwunden werden.

Seid daher aufgeschlossen gegenüber all dem Neuen, das sich hier anbahnt, und helft mit, die nationalen und wirtschaftlichen Egoismen zu überwinden.

Denn nur wenn dies gelingt, werden sich diese Neuordnungen realisieren lassen, und dann erst werden wir mit THORNTON WILDER, der übrigens am 27. d. M. hier in der Aula sprechen wird, sagen können:

Wir sind noch einmal davongekommen!

Verliert über den Wertzerrungen der vergangenen Jahre nicht den Glauben an die wirklichen Werte, die auch heute noch trotz aller Erschütterungen und Zerstörungen das Leben lebenswert machen.

Öffnet Geist und Herz den geistigen Bezügen, mit denen wir auch in dieser unvollkommenen Welt am Göttlichen teilhaben.

Und geht an die schweren Aufgaben dieser Zeit heran in jenem Geiste, wie er in einem Wort von Tacitus zum Ausdruck kommt:

Tacitus kommt einmal auf das Ende der Schreckenszeit nach dem Tode Kaiser Domitians zu sprechen und bemerkt dabei:

„*Die Hervorragenden seien als Opfer des Tyrannen gefallen, die Überlebenden hätten in einem halben Menschenalter erzwungenen Schweigens die geistige Untätigkeit lieb gewonnen, es erweise sich leichter, geistiges Leben zu unterdrücken, als wieder zu erwecken.*“

Doch dann fährt Tacitus fort:

„*Nunc demum redit animus!*“

Diese Rückkehr des Geistes soll auch Euere und unsere Kraftquelle sein!

GPSR Compliance
The European Union's (EU) General Product Safety Regulation (GPSR) is a set of rules that requires consumer products to be safe and our obligations to ensure this.

If you have any concerns about our products, you can contact us on

ProductSafety@springernature.com

In case Publisher is established outside the EU, the EU authorized representative is:

Springer Nature Customer Service Center GmbH
Europaplatz 3
69115 Heidelberg, Germany

www.ingramcontent.com/pod-product-compliance
Lightning Source LLC
La Vergne TN
LVHW100411051026
849518LV00003B/1231
* 9 7 8 3 6 4 2 4 9 5 5 0 2 *